Mochileros en viaje

APOCALIPSIS

JORGE DIEGO OBREGON

Para Andrea mi esposa y Milagros mi hija,
mis dos amores, mi razón de vivir,
que me alientan a seguir soñando.
Jorge Diego Obregon.

Capítulos

1

Llego el día

Nunca tuve en cuenta que el tiempo podía pasar tan rápido, mirándome en el espejo me vi un poco mas grande, veintiún años, se que por delante tengo un futuro incierto y no quiero dejar que la vida pase, sin intentar cumplir mis sueños.

Ser mochilero, es una cuenta pendiente que me quedo de la infancia, importante sin duda, como no podía sacarlo de mi cabeza, se me ocurrió llamar a mi amigo Adrián, en nuestra infancia soñábamos con recorrer toda América, de norte a sur. Nuestra imaginación superaba a la ficción, al punto que llegamos a imaginar que descubríamos ciudades ocultas, nuevas civilizaciones, tesoros, sorteábamos trampas mortales, nada nos detenía, pero como dije, todo fue producto de nuestra imaginación, hasta que con mi amigo decidimos saldar esa deuda.

Mi nombre es Diego, quien sabe que nos pase en esta aventura como mochileros, por supuesto con Adrián corro con ventajas, estemos donde estemos, estoy seguro que nos vamos a llevar bien, es como un hermano, un hermano que elijo, compartimos momentos buenos y malos, se que si es necesario, nos vamos a ser de mutuo apoyo, no tendría por que haber problemas, de mi parte me da seguridad viajar con el, para nosotros es como escribir una historia, una aventura, un viaje a lo desconocido.

Siento que voy a ver el mundo con otros ojos, no conozco el camino, nunca me sorprendió la noche sin saber donde estaba. La ansiedad de explorar nuevos lugares, me desespera, si fuera por mi ya estaría caminando, lo bueno en esta locura es que existe la tecnología, que va a permitir que no nos perdamos, de todas maneras la intención es, hacerlo a la antigua, dentro de lo que se pueda, un poquito de trampa no le hace mal a nadie. Es posible que conozca a un nuevo Yo, a un nuevo Adrián, de algo estoy seguro, este viaje con mi amigo va a ser inolvidable. Decidimos llevar plata, una reserva importante, que nos puede ayudar, llegado el caso veremos que hacer y cuando hacerlo.

Ninguno de los dos iba a sentarse a debatir, antes de salir, y ponerse a escribir algún tipo de reglamento, las ganas son tantas, que estar de acuerdo, para los dos es suficiente. Teníamos bien claro que una aventura de este tipo fortalece o destruye cualquier relación.

Mi amigo Adrián es muy curioso y aventurero, se que va a agregar una dimensión emocionante a nuestro viaje. Supongo y espero que tomemos riesgos y probemos cosas nuevas, lo que sea para que pueda llevarnos, a descubrir lugares interesantes y vivir las mejores experiencias.

Después de planificar nuestro viaje durante semanas, finalmente llegó el día de partir. Nos pusimos las mochilas en la espalda, con todo lo necesario para acampar, mas allá de salir en pleno verano también teníamos ropa de abrigo, buenos calzados, de todo un poco, tanto que no podrían imaginar. Hasta que al fin comenzamos a caminar. No se me había cruzado por mi cabeza, estar parado en **Orlando Florida**, con mi amigo. Así nuestra historia comenzó.

En los últimos días, antes de que esta caminata comience, casi se nos suma Ariel, podría decirse que es otro amigo y de los buenos, según Adrián, me mandaron a la policía, ¿podría ser?, pero dudo que sea así, Ariel es el hermano de mi novia, mi historia con su hermana es de siempre, con ella nos contamos todo, inclusive de este viaje tuvimos charlas, en las que quería incluirla, ella me decía que estaría encantada de acompañarme, solo que correspondía que lo intentara con mi amigo y que cuando la oportunidad se presente, ella con todo gusto se iba a sumar.

Si lo pienso mucho no se si arranco, son muchos días, tantos que podría estar hablando de un año o mas, la idea inicial fue con mi amigo y cuando el entorno se fue enterando, la primer reacción fueron risas y cuando empezaron a notar que la cosa iba en serio, mas de uno quiso anotarse. Por algún motivo, que no nos explico, Ariel quien si se sumo a esta locura, no podía salir al mismo tiempo que nosotros, prometió encontrarnos en una o dos semanas, así que como cuando eramos niños Adrián y yo, inauguramos nuestra travesía como mochileros.

2

El hombre del piloto negro

Los primeros kilómetros fueron tranquilos, solo había un poco de tráfico en la carretera, y la temperatura era agradable. Sin embargo, pronto nos encontramos con algunos obstáculos, como caminos en construcción y desvíos que no estaban marcados en el mapa.

A pesar de los obstáculos, seguimos adelante, esto recién empezaba, emocionados por lo que nos esperaba en este viaje. Pasamos por pequeñas ciudades y pueblos, vimos lugares que nunca habíamos visto. Tomamos fotos y compartimos historias mientras caminábamos. Llegando el medio día nos detuvimos, estiramos las piernas, preparamos algo liviano para comer un poco de agua, descansamos una hora y seguimos.

Después de varias horas de caminar, comenzó a oscurecer. Empece a preocuparme por encontrar un lugar seguro para dormir. Afortunadamente ¡y por suerte por que comenzó a llover!, encontramos un camping que parecía cerrado, en el frente pegado a la entrada se veía una cabaña con las luces encendidas, llamamos tiramos de la soga, que tenia en su extremo una campana, un par de veces, sonaba a lata vieja y ruidosa, hasta que al fin se asomo alguien, nos miro, creí que no iba a atendernos, pero me equivoque, se acerco al portón, un hombre de unos cincuenta años, bastante alto, con un piloto negro, levanto su cabeza y nos miro fijo, de arriba a abajo.

- Hola buenas noches, ¿podremos acampar?

Le dije. Miro que teníamos puesto, al ver las mochilas, exhalo con una respiración áspera, intimidante, saco un manojo de llaves haciendo ruido y abrió el candado, arrastro el portón sin decir una palabra, hizo un gesto extraño, señalando hacia atrás y pasamos, con Adrián respiramos profundo, ese hombre no era normal, caminamos con desconfianza unos cuantos metros. Nos llamo la atención, estábamos solos, nadie estaba acampando en el lugar, el viento soplaba mucho mas fuerte, la lluvia se volvió intensa, Armamos la tienda de campaña, a toda prisa, como pudimos, el viento y la lluvia no daban tregua. Después de una cena rápida, nos metimos en los sacos de dormir y nos dormimos inmediatamente, agotados por el largo día de caminata.

A la mañana siguiente, nos despertamos temprano nos aprontamos para salir, desarmamos la tienda, revisamos por si acaso, siempre se pierde algo.

- ¡Mira lo que encontré! ¡Así no perdés tu norte!

Entre hojas secas estaba una vieja brújula con marco de madera, hermosa tanto que casi me la quedo, antes de que mi amigo me la saque de las manos. No se si fue que llegamos de noche, o la tormenta no nos dejo ver bien, donde nos estábamos metiendo, porque mientras salíamos, nos dimos cuenta que estábamos en un camping desolado, nos sorprendimos en la cabaña de entrada, no había nadie, estaba abandonada y no había rastro del hombre del piloto, cuando pasamos el portón bastante arruinado, estaba sin candado, nos miramos y decidimos seguir caminando, apuramos el paso, teníamos que salir de ese lugar. Seguíamos avanzando, de repente, el paisaje cambió y ahora estábamos rodeados de árboles y naturaleza. Nos encontramos con varios animales, como pájaros, ardillas y hasta un ciervo. El día cambio, amaneció con un sol radiante, nos detuvimos para tomar fotos y disfrutar de la belleza del lugar.

Sin darnos cuenta, habíamos avanzado un par de kilómetros. En un momento, nos encontramos con un río que no estaba en el mapa. Después de pensarlo durante un rato, decidimos cruzar el río a pesar de que no sabíamos cuán profundo era. Nos quitamos las zapatillas, aseguramos las mochilas y comenzamos a cruzar, tambaleamos de un lado a otro, pisando rocas, hasta que pise una que creí firme, no tuve en cuenta que podía estar tan resbaladiza, caí de rodillas, salpicando la cara de mi amigo, que también patino, me seguía los pasos, aunque no lo crean, cruzamos el río con éxito, eso si, mojados hasta la cintura.

Finalmente, después de algunos tramos a dedo y calculo ocho horas a pie, llegamos a **The Villages**. Estábamos agotados, pero también emocionados por haber logrado el primer objetivo. Nos dirigimos a un restaurante para celebrar y disfrutar de una cena deliciosa.

Aprendimos mucho, en este comienzo como mochileros a pie, ademas de hacer dedo en alguna que otra ocasión. Aprendimos por sobre todo, a ser pacientes y a enfrentar desafíos. También aprendimos a disfrutar de las cosas simples de la vida, como la belleza de la naturaleza con la compañía de un amigo. Estamos emocionados por continuar con el viaje y ver a dónde nos lleva la próxima etapa de esta aventura.

3

Dudas

No lo podíamos creer ya estábamos en **The Villages** en **Florida**, Estados Unidos. Exhaustos, nuestros pies dolían de tanto caminar, la falta de costumbre se hacia notar. Pero la emoción de la aventura aún nos mantenía con energía, a pesar de los miedos, que comenzaban a surgir en nuestra mente.

Adrián estaba convencido de que alguien nos seguía, y aunque podía calmarlo, admito que la idea también me hacía sentir incómodo, lo que nos paso con ese hombre, sacado de una película de terror, me hacia pensar, pero al final, necesitamos ver la manera de continuar con nuestro viaje de mochileros y dejar atrás las preocupaciones.

Sin pensarlo dos veces, cerramos los ojos y señalamos un punto en el mapa, así de simple, nuestro siguiente destino sería **Perry Florida**, no tengo idea que nos espera allí, pero estábamos emocionados por descubrirlo.

El viaje a **Perry** no iba a ser fácil, teníamos que caminar durante varios días bajo el sol abrasador y dormir en lugares incómodos. Cada vez que pensábamos en rendirnos, recordábamos que estábamos en una aventura y que lo importante era la experiencia y pagar esta deuda pendiente. Cuando el cielo se cubría de estrellas sabíamos que había que armar la tienda, siempre dejando todo acomodado para salir de inmediato, si la situación lo ameritaba, comimos y bebimos lo justo y necesario para recuperarnos, tomamos la decisión de turnarnos para dormir, nos íbamos a sentir mas seguros, si uno de los dos hacia guardia.

Comenzamos a caminar temprano por la mañana, con nuestros morrales cargados de agua y alimentos. Los primeros kilómetros fueron relativamente fáciles, con el sol brillando en un cielo despejado y una brisa fresca soplándonos en nuestros rostros. Pero pronto comenzamos a enfrentar dificultades.

El primer lugar que encontramos fue un tramo de la carretera que estaba en mal estado. El asfalto estaba agrietado y lleno de agua, como si fuera un río, tuvimos que desviarnos, porque se dificultaba nuestro avance. Hicimos un tramo extenso, sabia que no podríamos retomar nuestra ruta original, además el sol se había intensificado y el calor comenzaba a afectarnos. Paramos a descansar en la sombra de un árbol, bebimos agua mientras mirábamos la nueva y larga carretera que teníamos por delante.

Avanzábamos, notamos que alguien nos seguía. No podíamos ver a la persona, pero escuchábamos el sonido de unos pasos detrás de nosotros. Comenzamos a caminar más rápido, pero la persona seguía detrás. Finalmente, nos dimos la vuelta para enfrentar a quien nos seguía, pero no había nadie.

Cada vez más ansiosos por la presencia del desconocido. Llegamos a un segundo lugar, una pequeña colina que parecía interminable. Subimos con dificultad, jadeando y sudando. Finalmente, llegamos a la cima y nos sentamos para recuperar el aliento. Fue entonces cuando notamos una figura a la distancia, que parecía seguirnos, Adrián me aseguraba que esa persona llevaba un piloto negro. Nos sentimos cada vez más preocupados por nuestra seguridad.

Después de una breve pausa, seguimos adelante, manteniendo un ojo en la figura distante. Pronto llegamos a un tercer lugar, un área boscosa con árboles frondosos que proporcionaron una sombra reconfortante. Pero a medida que caminábamos, notamos que los árboles parecían más densos y oscuros, como si se cerraran sobre nosotros. Nos sentimos cada vez más ansiosos y asustados.

Finalmente, llegamos a **Perry**, **Florida**, exhaustos y asustados por los extraños incidentes que habíamos experimentado. A pesar de los desafíos y los momentos de miedo, estamos orgullosos de haber completado nuestra caminata. Nos dimos cuenta de que a veces, lo más difícil no es la distancia o las condiciones climáticas, sino nuestras propias inseguridades y temores. Estamos aprendiendo a ser valientes y a enfrentar nuestros miedos, y eso es lo que realmente importa.

Nos sorprendió encontrar una comunidad muy amable y acogedora, que nos recibió con los brazos abiertos, les aseguro… en este lugar, si me dan a elegir, estoy seguro que podría quedarme a vivir, demás esta decir mi amigo me parece que me abandona, se enamoro de la ciudad.

Decidimos quedarnos en **Perry** por unos días para descansar y recargar energías. Durante ese tiempo, exploramos la ciudad, visitamos sus parques, probamos su comida local y por supuesto su café.

Con mi amigo siempre fuimos de soñar con esos amores imposibles, esos que crees que se quedan en la memoria toda la vida y que difícilmente se hacen realidad, aunque no lo podía creer, esto esta sucediendo en **Perry**, una cafetería. Apareció como en un cuento de hadas, de la nada, de repente, estaba parada a mi izquierda mirando a mi amigo, con una sonrisa esplendida, amable, dulce, la verdad no entendí nada de lo que nos decía. Adrián sonrió, hablo con un ingles raro, la muchacha se reía y se fue. Unos minutos después se acerco y nos trajo un café cortado con media lunas para cada uno, le dijo algo a mi amigo y se puso colorado entonces le pregunte.

- ¿Sabes que te dijo?

Adrián me miro, con la sonrisa de oreja a oreja y respondió.

- Ni idea, pero es perfecta, ¡hoy me caso!.

No hice mas que reír, supuse que estaba fascinado. No se como lo hizo, de un momento a otro tenia los horarios de Daisy, de tan solo dieciocho años, no me quedaba mas remedio que esperar que este capricho se le pase, o ver como la ponía en la lista de amores imposibles. Salimos de la cafetería luego de esperar un buen rato, ¡increíble no podíamos irnos!, el señor se encapricho, me decía que si no la saludaba no se iba, hasta que la vio detrás de la barra, la chica estaba trabajando, Adrián se paro se sentó, estiro sus brazos unas diez veces y el milagro ocurrió, Daisy lo miro, la pudo saludar y nos fuimos, por no decir que lo saque a los empujones.

Paramos en un hotel de paso, cerca de la carretera, mientras me daba una ducha pensaba, tenia una gran duda, no sabia si valía la pena todo esto, cual es la ganancia de caminar tanto, ¿Para que?, salí del baño, con toda la intención de preguntarle a mi amigo, que opinaba sobre seguir, cosa que no pude hacer, Adrián no estaba. Pensé si había alguna probabilidad de que le haya pasado algo, y reaccione por lo único que mi amigo podía desaparecer sin decir nada, se llama Deisy. Sin nada para hacer, salí a caminar. Lo primero que vi fue un museo, seguí costeando por un sendero para vehículos todo terreno y termine en la playa de **keaton beach**, aburrido pateando arena, cuando levante la cabeza, vi a lo lejos un muelle y ¿pueden creer?, Adrián se despedía de Deisy, cerré los ojos pidiendo en silencio, que mi amigo no sufra, aunque tenia bien en claro que si nos íbamos, esto seria un enamoramiento algo pasajero. Me acerque despacio, él no dejaba de mirarla, una vez que ella se alejo, al girar me vio, abrió los ojos bien grandes y me pidió.

- No digas nada, no hablemos hasta llegar al hotel.

Supuse que estaba padeciendo algún tipo de desilusión, no entendía por que no me decía nada, silencio absoluto, hasta que llegamos.

- ¡No vas a creer lo que voy a contarte!, Cerra la puerta, hablando con Deisy, no se por que, pero algo me llevo a que le cuente del Camping, de esa noche, que armamos la tienda en plena lluvia, y cuando le dije que al otro día, a la mañana estaba todo abandonado, y que desde entonces alguien nos seguía, su cara cambio, se puso seria, me dijo que en ese lugar paso algo muy feo, le insistí tanto que me contó.

Mientras Adrián me hablaba, su voz se volvía temblorosa, estaba pálido, me asustaba, le pedí que se calmara y que por favor termine de hablar. Me miro con miedo y siguió.

- Cuando comenzó a hablar, pensé que me estaba haciendo una broma, ¡pero no!, dijo que ese lugar paso por una inundación hace un año y medio aproximadamente, donde murió mucha gente.

Mi amigo dejo de hablar, quedo callado, estuvo bastante tiempo para que reaccione, hasta que arranco.

- Amigo me dijo que en ese camping vagan almas en pena y que si sentimos que nos siguen, es muy probable que alguna este con nosotros, por algún motivo que solo ella sabe, dice que los tres tenemos que ver a alguien que se ocupe de esto.

- ¿Como los tres?

- ¡Eso mismo pregunte!, dice que cuando llegamos vio que nos acompañaba otra persona, que eramos tres, ¡No le dije!, insistió diciendo que no estaba loca, entonces le pedí que lo describa ¡Y no vas a creer!… ¡Si!, lo que pensás, me dijo que este hombre llevaba puesto un piloto negro.

Sacudí la cabeza de un lado a otro, no podía ser cierto, estaríamos hablando nada mas y nada menos… ¿un fantasma? No, no podía ser verdad, y le dije.

- ¿No habrá sido, que sin darte cuenta mencionaste al hombre del piloto y le quedo todo armado para tomarte el pelo?

- ¡No! Te aseguro que no, le conté así como te dije, nunca nombre a ese hombre, al menos nunca dije que nos atendió alguien con piloto negro.

Adrián estaba seguro, muy seguro. Teníamos que ver que hacer, trague saliva y cuando estaba por preguntar, levanto su mano tapando mi boca y susurrando dijo.

- Nos sigue un alma en pena, hay que hacer algo, tenemos que ayudarlo a encontrar su camino, guiarlo para que descanse en paz, si no lo único que vamos a conseguir, es que nos persiga y crea que somos responsables de su angustia.

Lo mire y sinceramente, no tenia palabras, la verdad no sabia si se volvió loco o tenia toda la razón. Hablamos todo el día, al punto que comencé a sentirme perseguido, cualquier ruido nos asustaba, cuando llego la noche, no aguante y le pregunte.

- ¿Que podemos hacer? ¿Se te ocurre algo?

Me miro fijo como con una idea, tardo un rato largo, o la idea tenia muchos pasos, de esas ideas elaboradas, o no tenia ni idea para donde disparar, y cuando creí que estaba perdido, me dijo.

- Nuestra salida es Deisy, ella va a saber que hacer.

Yo no se si este estaba ciego, loco o poseído, lo conocía bien, cuando algo se le metía en la cabeza, hasta que no chocaba con una pared, iba a seguir intentando, o la gana por las buenas o la gana por cansancio, no tenia mas remedio que dejarme llevar, a ver donde todo esto termina.

4

Alma en pena

Al otro día nos levantamos temprano, fuimos al muelle, y ahí la tenían, la niña Deisy, con sus pelos castaños al viento, tenían que ver a mi amigo adelantando el paso para saludarla el primero, no hice mas que sonreír, ¿Donde nos llevaría toda esta locura?. Después de saludarnos, la niña nos contó de un hombre, una especie de liberador de almas, que no se cuanta cantidad de personas, perdón mejor dicho, almas en pena libero, así que ahí estábamos yendo, mientras caminamos uno al lado del otro, ella en el medio, la veo que mira de reojo, a mi derecha, y murmura.

- El nos acompaña… no digas nada.

Me heló la sangre, un escalofrió corrió por mi piel. Al llegar a la casa, les confieso, el lugar no decía nada, una casa cerca de la playa, subimos unas escaleras, Deisy toco la puerta y esta se abrió, una voz dijo.

- ¡Pasen, pónganse cómodos!

Unos minutos después, del pasillo que daba a una ventana en el fondo, se abrió una puerta y apareció un hombre muy delgado, que se acerco, con mucha tranquilidad y nos saludo como si nos conociera, nos llamo por nuestros nombres, supuse que Deisy le contó sobre nosotros, "cuanto nos va a salir esto" fue lo primero que pensé. Es hombre me miro fijo a los ojos.

- Mi nombre es Adam, debes estar pensando ¿cuanto les va a salir esto? Es lo mas normal y mas cuando es la primera vez, para serles sincero, yo no veo almas cuando deambulan por la tierra, solo las veo cuando parten, cuando son liberadas, ¡Deisy si!, aunque no lo crean, desde muy pequeña, calculo que tendría cuatro años, cuando la vi por primera vez, jugando con su amigo invisible, al pasar el tiempo entendí que ese amigo era real, un niño varado entre el cielo y la tierra, así que en resumen, termine creyendo y decidí ayudar a toda alma que no encuentre su camino.

"Sorprendido es poco", ¡esta bien!, "Pero que no nos cobre por esto, es una señal, podrían decir la verdad o simplemente estar locos". ¿Que mas podía pensar?.

- ¿Que hacemos, que nos aconseja?. - dijo Adrián.

Adam la miro a Deisy, ella asintió, le toco el pelo y siguió caminando de un lado a otro, paseo por toda la casa, decía algo en algún idioma raro, hasta que nos dijo.

- Las almas pierden su camino por varias razones, que no creo que tenga relación con alguno de ustedes, supongo que esta alma, perdió su camino por una distracción.

Corte su relato, lo interrumpí de repente, no me quedaba muy claro lo que decía.

- Esta inundación fue mucho antes que nosotros lleguemos, mire que vamos a andar saliendo por las noches, a distraer almas para que se pierdan su ultimo viaje.

Adam miro el techo diciendo no con su cabeza, mientras reía.

- ¡Esta bien entiendo tu punto!, esto no es por ustedes, en ese sentido podes quedarte tranquilo, cuando les decía que hay almas que se distraen y pierden su camino, es porque a partir de un acto reflejo inconsciente, puede llamarle la atención algo, una remera, una llave, una foto lo que sea, si esto ademas, guarda algún recuerdo, puede actuar como ancla, es ahí cuando el alma queda vagando en la tierra.

Nos explico un poco de que se trataba esto de las almas, no salíamos del asombro, de todas maneras a pesar de no estar convencido con lo que nos contaba, decidimos seguir las instrucciones de Adam, su relato resultaba convincente, tenia la idea fija, estaba seguro que podíamos tener en nuestras pertenecías, algo que actuaba de ancla.

- ¡La brújula!

Cerré los ojo y lo recordé, así que podía ser cierto lo del ancla, les aseguro que moría de curiosidad, en que consistía ese alarde de liberación de almas. No sabia que hacer, Adam dijo que yo tenia que ir por la brújula, quería que Adrián se quedara, quería prepararlo, no me convencia separarme de mi amigo, si por mi culpa le pasa algo, ¿que hago?.

- Quiero que sepas que te entiendo, percibo tu desconfianza, Deisy te va acompañar, es mi hija, supongo que de esta manera vas a estar mas seguro.

Mientras salimos mi amigo puso su mejor cara de desconforme, así que le guiñe el ojo y con eso quedo mas tranquilo. Caminando al hotel la niña no hablaba, me resultaba incomodo, no entendía que le pasaba, hasta que abrió la boca, en voz baja, casi no la escucho, pero la entendí.

- ¡No se por que, pero nos esta siguiendo!.

Apuramos el paso, por algún motivo sentía su presencia, empece a sentir miedo, ya estábamos cerca, la ultima cuadra y entramos al hotel, llegamos a la habitación, busque en todas partes las mochilas, bolsas y no encontraba la maldita brújula, que supuestamente estaba a la mano, a la vista, ¿quien iba a entrar a robar solo eso?, Adrián no iba a esconderla, hasta que apareció, miramos todos los rincones, como iba a imaginar que la brújula estaría atrás de la heladera, algo insólito, la envolví en un trapo, agarre el picaporte y cuando abrí la puerta para salir, alguien me la saco de la mano y la cerro de un portazo, la mire a la niña para ver si sabia que hacer.

- ¡Tenemos que salir!, sabe que algo vamos hacer, no tiene la fuerza para detenernos, así que salgamos.

Agarre el picaporte con fuerza, tire hasta que cedió y salimos. Un grupo de gente caminaba en dirección a la playa, así que nos apuramos para alcanzarlos, el aire que nos rodeaba se sentía tan espeso que prácticamente caminábamos en cámara lenta, dimos unos veinte paso y fue como que nos soltaron, así que alcanzamos a la gente y caminamos mas tranquilos.

- ¿Lo vez?, ¿todavía nos sigue?

- ¡No, atrás no esta, no esta en ninguna parte, se fue!.

Si me ciento a contarle a mis amigos todo lo que nos esta pasando, se moririan de risa, ni yo puedo creerlo, nos separamos del grupo de desconocidos, podíamos ver la casa de Adam, no veía la hora, quería que todo esto termine.

- ¡Deja la brújula en la mesa!... ¡Diego, ahora, deja la brújula en la mesa!

Me decía Adam, me costaba soltarla, quería quedár-mela, la sentía miá, y ahí estaba Adrián como hipnotiza-do, sentado en una silla, rodeado de un circulo de sal, reaccione y la solté. Adam la tomo con otro trapo, nos reunió a todos, para que estemos dentro del circulo, puso la brújula en un tacho de hierro, lo roseo con un liquido inflamable, preparado por el, prendió el encendedor y lo tiro en el tacho y la brújula comenzó a arder. Para nuestra sorpresa, apareció el hombre del piloto negro.

- ¡NO, Mi brújula!, ¿Que hacen?

- ¡Ahora sigue tu camino, del otro lado podrás encontrar tu brújula!

Dijo Adam, en voz alta, les aseguro que no sabría como explicarlo, se abrió el techo con una luz muy fuerte, el hombre del piloto se elevo con los brazos abiertos y subió despacio. Lo vimos irse, algo que jamas imagine ver, el hombre se fue y la luz se apago, quedo todo oscuro, por unos segundos, hasta que la claridad volvió.

Al día siguiente luego de salir de esa casa, una situación que no tiene explicación, ni lógica para mi, lo sobrenatural no es algo que me resulte agradable, siempre fui de pensar que la gente, cuando no tiene nada que hacer, inventa cosas, aunque este no sea el caso, lo único que quería en ese momento, que todo quede atrás, preferentemente en el olvido.

- No podemos negar lo que nos paso, lo vimos, por mas que lo quieras olvidar, todavía no caigo, ¡estábamos los dos y no estamos locos!

- ¡Claro que no!, pero lamentablemente, no podemos andar por la vida contando esta experiencia y terminar en un loquero, supongo que este debe ser un caso aislado, algo circunstancial.

Mi amigo rompió el silencio, horas sin decir nada, ahora se hace el superado.

- Perdoname Diego, yo no coincido con lo que decís, mira que Adam va a saber lo que sabe, por casos aislados, esto debe pasar siempre.

- Claro ahora vas a agarrar una mochila con un liquido de colores y vas a casar fantasmas, ¡dale dejale a quien corresponda! Y por si no te queda claro, hablo de productores de películas o series.

No se bien que paso, no me había parecido una pelea, se levanto sin decir nada y se fue, dejo la puerta abierta, lo primero que pensé, salio para relajarse, seguro volvía en unas horas, como mucho, pero no, me equivoque. Pase todo el día dando vueltas, hasta me dije, a ver si lo encuentro, fui y vine y nada, desapareció. Cuando llego la noche volví al hotel, antes pase por la cafetería, seguro Deisy sabe donde esta. Cuando pasaba por la vereda, mire y no la veía, la hice simple, fui y pregunte, el encargado me dijo que estaba de vacaciones, ahora todo estaba mas claro. No se si me iba a animar a seguir solo como mochilero.

Pasó un día mas y Adrián no aparecía, desperté temprano, un clima perfecto y me encontraba solo, ¿Que podía hacer? ¡A disfrutar se a dicho! Al menos el ultimo día, **Iron Horse Mud Ranch** ahí voy, al barro con vehículos todo terreno, saque cuentas y me dije, por que no y ahí fui, mientras me dirigía a vivir una nueva experiencia, tome la decisión, aparezca o no Adrián, mañana a primera hora, me voy, mochila en la espalda y a caminar.

Así que me di una ducha, desayune y fui. Me dirigí al parque de lodo. Observando a los vehículos todo terreno y a los jinetes de motocross que hacían acrobacias en el aire. A decir verdad me sentía tentado, me sobraban ganas de sumarme a ellos y alquilar un quad o una moto para dar un paseo por el terreno fangoso.

Mientras exploraba, me detuve por un buen rato, me encontré con una pequeña competencia de carreras en lodo. Todos los espectadores gritaban cuando aceleraban sus vehículos de alto rendimiento y trataban de superarse unos a otros. Muy buena exhibición, ¡lastima que nadie me dijo, que podía ensuciarme tanto con solo mirar!.

Más tarde, me dirigí a la zona de acampar para disfrutar de un picnic y una barbacoa, siendo sincero extrañaba a mi amigo, algo que jamas diría. A medida que se acerca la tarde, el ambiente se volvía más animado. Música en vivo, en un escenario hermoso, un lugar para hacer nuevos amigos, "pensé", jaja, mientras veía como jugaban al voleibol en una playa artificial. ¡No! Bueno tenia que ser, ahí lo vi, mi amigo, pueden creer, jugando al voleibol, increíble, nunca hizo deporte, para el la pelota era cuadrada. Me aleje lo mas que pude.

Me distraje me sorprendió un hombre, haciendo trucos peligrosos en una motocicleta. Yo si que estaba para emociones fuertes, podría intentar participar en una carrera de obstáculos en el barro.

Después de un día lleno de aventuras y emociones, digo gracias a mi amigo. Podría olvidar esta especie de decepción, disfrutando de una cena y unas bebidas con los demás visitantes del lugar. Aunque no fue lo que paso, preferí retirarme temprano, estaba agotado. Llegue al hotel, me di otra ducha, comí lo que había y me tire en la cama, fue como un desmayo, quede dormido de inmediato, con una sola idea, ni bien salga el sol, me voy.

El sol que ingresaba por una de las ventanas, me despertó, entre dormido vi a mi amigo en su cama, eso hizo que termine de despertar, cuando me senté, lamentablemente se trataba de su bolsa de dormir, se ve que cuando acomode todo lo mio, la deje extendida en su cama. Estaba todo listo, por supuesto confieso que tarde mas de lo normal, seguía ilusionado con creer que Adrián aparecería, le deje todo preparado por si volvía y como quien no quiere la cosa, se me callo un mapa que marcaba mi ruta.

Fue una experiencia única que me permitió conocer la vida, en un pueblo pequeño de Estados Unidos.

Pero el espíritu aventurero aún estaba presente al menos en mi, así que seguí adelante con el viaje. Volví a mirar el mapa, la copia del mapa original, y comencé a caminar.

"El camino desde **Perry Florida** hasta **Luisiana**, es una aventura para compartir con alguien, excelente para explorar la naturaleza de Estados Unidos, al menos eso me vendieron". En esta caminata como mochilero a pie solo, ya no es lo mismo, la gente del lugar, inclusive unos mochileros que se dirigían a Orlando, me comentaban que me encontraría con lugares increíbles y que tendría que superar muchas dificultades, preguntarle a cada persona que veía, se me estaba haciendo costumbre.

Calcule unos 45 días yendo tranquilo, seguramente muchos mas, va a depende de la velocidad en la que camine y quien sabe cuanto demore en cada lugar. Siempre y cuando no enloquezca, no se que me depare el destino, tampoco se si llegue, no prometo nada, todo sera hasta que aguante.

Los primeros kilómetros disfrute un poco mas de la playa y el océano. No quería perderme la posibilidad de conocer, los bosques del norte de Florida.

Después de caminar por unos días, cruce por un pueblo, una ciudad, linda agradable, pero todavía seguía en Florida, el cartel decía **Jefferson**, una calle de **Marianna**, busque donde acampar y arme mi tienda, después de descansar, saldría en busca del próximo lugar para descansar y pescar, recordé cuanto tenia de presupuesto, si no cuidaba mis fondos, podía quedar en la ruina antes de lo que imaginaba.

No estaba muy convencido, no sabia si seguir o tomarme un avión y volver a mi casa, esta aventura la había programado con mi amigo, mis ganas se apagaban de apoco.

Continuando mi camino, "tengo que seguir", pensé así que me dije, ¿una noche de pesca?, no vendría mal, así que marque otra ruta a **grady brown park**, un lugar increíblemente hermoso, con abundante vida salvaje y agua para la pesca, al menos así decía un folleto. Llevaba mas de 8 horas caminando, hice dedo un par de veces, hasta que freno una camioneta, me señalaron atrás y subí a la caja, me acomode como pude, se ve que esta gente iba de pesca, a pasar algunos días. No creí que me dormiría pero me equivoque, desperté justo cuando la camioneta estaciono, salude a esta pareja que me levanto en el camino, di las gracias, ahora si a buscar un lugar cerca del agua para armar mi tienda de campaña, una vez que arme todo prepare mi caña de pescar, elegí el sector para mi apropiado y tire bien lejos, la plomada retumbo haciendo eco al caer al agua, increíble noche. Mientras pescaba, disfrutando de una noche de estrellas, me sentía inquieto perseguido, escuchaba ruidos, fue como un grito estaba seguro, a gran distancia, a lo lejos, eso me descoloco un poco, por momentos veía entre los arboles una sombra que venia hacia donde estaba, intentaba no estar perseguido, en **Grady Brown Park** había movimiento, no era la única persona que estaba en este hermoso lugar, de todas maneras me inquietaba esa sensación, alguien me miraba, lo sentía, asegure la caña de pescar, el sedal estaba bien tenso, respire profundo, unas tres veces y me pare como con un trampolín, apure el paso, note a penas gire, que a lo lejos alguien se escondió, fui por la parte de atrás, ¿y a que no saben de quien se trataba?, si lo enganche de sorpresa, estaba preparando una broma para mi, mi querido amigo Adrián, que se llevo un gran susto, se repuso de inmediato, casi lo mato de un paro cardíaco, me dio un fuerte abrazo y me dijo.

- Volví por que te extrañe, y se que me extrañabas.

Pasamos una noche de pesca increíble llena de recuerdos de nuestra infancia, fueron tantas las risas que las tiendas que estaban alejadas prendían las luces, una detrás de la otra, así que tuvimos que moderar nuestra charla, cuando intentaba preguntar por Deisy me hablaba de otra cosa, supuse que la historia no termino muy bien, así que espere, en el momento menos pensado, me habló como con angustia y pausado.

- Amigo quiero contarte todo, solo que prefiero esperar que se me pase, estoy contento, por que te puede encontrar y a la vez estoy un poco triste.

Deje que respire y lo abrace sin decirle nada, sabia que en algún momento hablaría del tema. La pesca fue buena, así que separamos algo para comer y devolvimos al agua a los peces que no nos hacían falta.

Ahora si me volvió el alma al cuerpo, mis ganas de seguir se renovaron. El camino hacia **Luisiana** es largo, muy largo, mire el mapa varias veces, se lo mostré a mi amigo, nos miramos, miramos el mapa, nos volvimos a mirar. - ¡Si! - Dijimos, nos reímos a carcajadas, parecíamos esos nene caprichos que estaban por hacer lo que querían, las mochilas en la espalda, al mismo tiempo como una coreografia de baile.

La naturaleza del lugar semejante a un paraíso en la tierra, hermoso para seguir, pero les soy sincero el cansancio me ganaba, no quería quedar como un flojo con mi amigo, menos ahora que lo había recuperado, pero no aguante mas.

-¿Cuanto hace que estamos caminando?

- Si no me equivoco llevamos unas tres horas y media, si el calculo de este mapa no falla, supongo que en un poco mas de una hora, estaremos pasando por **Basin Bayou**, un lugar para acampar, esperemos que no este abandonado, no va a ser que nos quiera acompañar un alma en pena.

Mi amigo hablo y lo conozco, no es de hablar y mirar en otra dirección, te mira cuando habla, es de esperar tu atención, hizo silencio en seco, como cuando frenas para que no asome la angustia.

- Amigo cuando quieras, sabes que podes contar conmigo, estoy para escucharte, no se si te sea de ayuda, pero sabes que aveces guardarte los problemas por así decirlo, es mas duro. - Dimos unos cuantos pasos y de la nada me dijo.

- Con ella conocí un lugar llamado **Iron Horse Mud Ranch** una locura, las camionetas cuatro por cuatro, motos un lugar de acción, en un momento no se como, mire a Deisy terminando una frase extraña y común, dijo algo así como del polvo vienes y polvo eres, me tape los oídos, porque una explosión me aturdió, pegados a donde nos encontrábamos parados, chocaron dos camionetas gigantes, uno de los que manejaba voló por la ventana y callo donde estábamos nosotros, cerré los ojos, no puedo explicar la impresión que me dio, pero al mirar a Deisy ella hablaba con alguien, que yo no veía, y me dijo que nos teníamos que ir, amigo algo no estaba bien.

Adrián dejo de hablar, lo note demasiado preocupado, quería decirme mas, pero no se animaba y llegamos a nuestro nuevo lugar de acampe callados, sabia que en algún momento largaría todo eso que lo puso mal. **Basin Bayou** nos recibió muy bien la gente del lugar resultaba amable, nos indicaron donde seria nuestro lugar y ahí fuimos, mi cuerpo me abandonaba, mi cabeza no daba mas, no sabia cuanto nos íbamos a quedar, cuando todo estaba listo, me desplome, me dormí como nunca.

No se cuanto tiempo estuve dormido, me levante quería lavarme la cara, lo que si no vi a Adrián, "No me digas que se ataco otra vez", pensé pero no, estaba al costado de la laguna y ahí fui a ver que contaba, me pare a su lado, me miro y sonrió, tiro unas piedras al agua, no sabia si preguntarle. Su actitud su cara lo delataba, salia de si y no aguanto mas.

- ¡Estoy!, como decirlo… indignado la veía como un ángel, cuando en realidad era mas un demonio, ¡otra cosa no se puede decir!, se que preferís callarme y dejar lo sobrenatural fuera de nuestras vidas. Es inevitable que te hable de esto que viví.

Mi querido amigo con los ojos lleno de lagrimas, lo veía mal, me senté frente a frente y lo espere, tomo aire un par de veces, hasta que continuo.

- Esto que quiero contarte paso tres veces, y me quedo claro, te doy el primer ejemplo, que en realidad es el se- gundo caso, el que me hizo clic en la cabeza, después del chófer de la cuatro por cuatro, que voló por el parabrisas. Estábamos caminando, yo como en un sueño, ¡viste lo linda que es!, ella de vacaciones yo sin apuro por nada, me dice, tomando con fuerza mi mano, cuando veas a un señor en esa calle en bicicleta, bajar a toda velocidad, mira en otro dirección, no razone o no quise entender, la mire y escuche un chillido de un auto chocando a un hombre, el de la bicicleta.

- ¿Me estas diciendo que esa niña, sabia cuando podía morir alguien?. ¿podría haber salvado a ese hombre o a cualquiera que este por morir?

- Cuando se lo pregunte tal cual me lo decís, me dijo que ella no podía salvar la vida de nadie, porque todos tienen su día y es inamovible, la muerte sabe tu día, hasta ahí la entendí, lo que no me gusto fue, ver que ella los distraía, ella hacia que pierdan su camino, para que después su padre ubique a los familiares y paguen para que el familiar muerto descanse en paz. - No lo pude tolerar, como alguien puede jugar con la muerte y con el sentimiento de los que estamos vivos.

A medida que Adrián contaba lo que paso su expresión mejoraba. Algo similar le ocurrió después pero con un niño, ahí fue cuando decidió irse, fue al hotel, me dijo que me busco desesperado, cuando creyó que no nos íbamos a ver mas, vio el mapa que se me callo y salio para encontrarme, me da pena que se sienta mal por Deisy, lo bueno de esto es que seguimos estando juntos para cuidarnos.

Amaneció, ya nuestro tercera día en **Basin Bayou.** Pensamos que hacer, lo decidimos rápido, coincidimos. Al día siguiente nos íbamos bien temprano. El sol estaba en lo mas alto.

- ¿Podemos intentar nadar este ultimo día?.

Pregunto Adrián solo que no espero respuesta y corrió al agua, estuve a punto de decir que cambiado que esta, ahora le gusta la natación, pero no hizo falta, en la orilla de la laguna estaban dos mujeres muy jóvenes en bikini, "no cambia mas" pensé, sera posible que todo gire alrededor de alguna aventura con mujeres, se acerco a la chicas con toda la ignorancia del idioma ingles, pidiendo que lo ayuden, se ve que les cayo simpático a las dos, que termino llamándome.

- ¡Amigo vení! Dale, quiero presentarte a las chicas mas linda de **Basin Bayou,** ¿Decime si no son sacadas de una película de princesas?, él es mas serio, es de decir pocas palabras.

Lo mire como intentando decirle que eran mas chicas de lo que parecían, pero cuando este se encapricha no hay manera, entonces lo deje que siga, a lo mejor yo estaba equivocado. Llego el atardecer y seguíamos ahí con las… para mi pequeñas jovencitas. Adrián se retiro con la mas bonita, pero la mas chica, la que estaba conmigo me hablaba sin parar yo no entendía ni el cincuenta por ciento de lo que decía y ella no dejaba de reír, hasta que veo como Adrián la empieza a besar en la boca, un beso que duro, casi dos segundo, la chica le pego una cachetada que lo hizo hacer un trompo completo. Nunca había escuchado a una chica, decir tantas palabrotas seguidas en ingles.

Se fueron a las apuradas, le pregunte a mi amigo que había sucedido, el decía que nada, que la chica le dio muchos indicios de que aceptaría un beso y la beso, le pregunte si entendió algo, entre tantos insulto.

- Lo único que entendí bien claro, es que seria mejor desaparecer, por que su padre me va matar.

Ni bien Adrián terminaba de contar lo que paso, a lo lejos vimos, como una locomotora, de mas de dos metros de altura, gigante a los gritos el padre de la señorita, a la que mi amigo le robo el beso, revoleaba todo lo que se le atravesaba en el camino, hagan de cuenta que el alma en pena fue un chiste, esto si que nos dio miedo, corrimos entre unos matorrales, nos quería matar, yo no le iba a dar el gusto. Pasamos todo el día escondidos en los peores lugares, hasta que se hizo de noche, en puntas de pie uno atrás del otro, aguantando la risa llegamos a nuestra tienda, a oscuras guardamos todo, nos dormimos con todo puesto al hombro, para salir ni bien amanezca. Antes de que el sol asome, revisamos que no nos falte nada y salimos rápido sin hacer ruido.

5

Una voz nos llamo

Sabíamos que salíamos a la ruta 20, luego a la derecha hasta la 433 y ahí nuevamente a la derecha y a caminar se a dicho, lo mas que podamos, caminamos unos cincuenta minutos.

- ¿Estoy viendo mal o el cielo se esta llenando de nubes grises? Mmn no es una buena señal, tenemos un largo camino de tierra y si llueve, ¡No va a ser que todo se inunde!, me temo que no la vamos a pasar bien.

Arboles mas arboles, nada mas que arboles, hasta que la primer llovizna llego, apuramos la marcha, creyendo que si se largaba a llover fuerte, no nos mojaríamos, ¿A que no se imaginan? Si, se largo con todo, un súper chaparrón, que duro unos cinco minutos, nos empapamos y paro, juntos miramos hacia arriba, el cielo se despejo y volvió a salir el sol, decidimos parar para extender los trapos. La verdad a esa hora no daba mas del hambre, prácticamente la hora de la merienda, algo teníamos que comer, así que nos acomodamos y comimos unas galletas y algunos cereales, tomamos agua, en un par de horas llegaría la noche. Adrián se puso de pie, miro para todos lados, y me pregunto.

- ¿Te parece que nos quedemos o preferís caminar un poco mas, para buscar donde parar, para dormir esta noche?

- Eso estaba pensando, me parece mejor caminar un poco mas y donde veamos el terreno un poco mas alto y firme, nos quedamos a pasar esta noche.

Adrián estaba de acuerdo, nos preparamos y arrancamos nuevamente, caminamos un par de horas, el paraje que teníamos a la vista, no nos terminaba de convencer y vimos una hilera de arboles en forma de U que nos gusto, menos mal porque no me gustaba para nada que se haga de noche, estábamos solos y ver pájaros grandes que pasaban de árbol en árbol, parecía que nos vigilaban, no quería volverme loco.

Una vez que armamos la tienda encendimos una fogata, los pájaros se alejaron al ver el fuego, todo parecía ir bien, hasta que escuchamos ruidos extraños entre los arboles, de repente un grito aterrador resonó en la noche, seguido por el sonido de ramas quebrándose, algo se movía en la oscuridad, nos miramos sin saber que hacer y el silencio llego, no se escuchaba nada, fue muy raro.

- Tengo un mal presentimiento. El cielo esta estrellado, que te parece si preparamos la tienda como para irnos, total los arboles nos dan resguardo, con las bolsas de dormir vamos a estar bien.

Estaba entre dormido, comenzaron unos ruidos desconocidos en medio de la nada que me alertaron, entonces me levante despacio, desperté a mi amigo, nos acomodamos para correr.

- Escucha, ¿Que es? No deja de hacer ruido, ¡Adrián! … saca tu cuchilla.

- ¿Serán esos pájaros? Que se cruzan de un lado a otro.

Mire entre los arboles que teníamos de resguardo y lo vi, caminaba lento, en la claridad de la noche, con cuernos de ciervo, sus brazos y dedos lagos, me asustaron, no se si me vio, sentí que me llamo, así que mire a mi amigo, que ya estaba listo, y le dije.

- Amigo es hora, ¡Corramos!.

Corrimos al mismo tiempo, en la misma dirección separados por unos dos metros, ninguno perdía de vista al otro, no parábamos de correr, en la claridad que daba la luna, veo que Adrián me gritaba hacia todo tipo de señas, quería que corra mas rápido, fue ahí cuando volé dos metro adelante de mi amigo, sentí que me chocaron, alguien golpeo mi espalda, con tanta violencia que aterrice arando la tierra con mi cuerpo entre los arboles, y ahí lo vi bien.

- ¡Que bestia tan horrible!. - Lo dije en voz alta.

Me agarro de los brazos y abrió su boca, como para comerme, imagine mi cabeza siendo masticada. Un rostro terrorífico, dientes afilados. En mi mano derecha sostenía el machete con fuerza, mi brazo temblaba, no encontraba manera de soltarme y escuche un grito.

- ¡Muere maldito!, ¡A mi amigo no, maldito Wendigo!, ¡voy a matarte!

Adrián como héroe de película de acción callo en su lomo, enterrando una cuchilla en su cabeza. La bestia se sacudió y antes de caer, tiro a Adrián al suelo, me levante como pude y lo tome del brazo para seguir corriendo. Salimos al sendero que estaba a mano, hasta que encontramos la calle de tierra principal, y corrimos sin parar. Estaba convencido, tenia que estar muerto, así que aminoramos la marcha, sin dejar de mirar atrás. Nos alejamos lo suficiente y cuando nos confiamos, vimos una sombra a lo lejos, salio de entre los arboles, tambaleando, se puso de pie, recupero su postura, gritando nuestros nombres. Iniciamos una carrera aterradora, la muerte no estaba en mis planes y no estaba loco, se escuchaba el motor de un vehículo grande, adelante de nosotros, se veían entre las ramas unas luces. Un camión militar, no lo podía creer. Gritamos como locos, levantando las manos, hasta que nos escucho y se detuvo. Corrimos desesperados, Adrián se cayo de boca, lo manotee como puede y subimos a la cabina del camión y arranco.

No tengo idea por que apareció un camión militar en medio de la nada, lo que si entendí es que estábamos a salvo. Con mi amigo nos mirábamos, no lo podíamos creer, agitados, transpirados, sucios y con miedo. No sabia muy bien donde estábamos, hacia mas de media hora al menos que estábamos viajando, el camión freno, nadie nos decía nada así que supusimos, al ver que el camión seguía en marcha, teníamos que bajar, tomamos nuestras pertenencias y saltamos. Me acerque al conductor del camión militar, un señor grande con bigote grueso y una gran barba blanca con voz ronca, llamado Victor, le pregunte si podía indicarnos, para que lado estaba **Luisiana**, para tener una referencia y nos dijo.

- Muchachos, están un poco lejos… ¡Bastante podría decirse!, **Luisiana** esta en esa dirección, de todas maneras ¿Si me lo permiten? Si siguen este camino llegaran a **Conecuh National Forest**, un punto bueno para acampar, donde podrán acomodarse y recuperar fuerzas, les deseo buen viaje.

Acelero el camión tres veces, hizo una mueca de sonrisa, toco bocina y se fue. Seguimos el consejo de Victor, cargamos las mochilas y otra vez a caminar. En el camino encontramos una casa de seguridad informática, donde pudimos cargar agua, nos dieron de comer y cargamos el celular de Adrián, porque el mio estaba arruinado. Otra vez con guiá de mapa, después de dar la gracias, emprendimos rumbo.

Ahí lo vimos después de horas de caminar, el lago **Open Pond,** abuelos, familias, muchos niños, casas rodantes, en ese momento cuando vi toda esa gente, solo cruzaba por mi cabeza, dormir, estaba cansado golpeado, buscamos un buen lugar, entre las familias, Adrián insistía, decía que teníamos que estar lo mas cerca posible de fogatas, que ni bien armemos la tienda, prendamos una buena, que el fuego seria nuestra mejor defensa. Le hice caso, algo lo inquietaba, algo que supuse lógico, escapar de una bestia así, no es algo de todos los días. Tanto silencio me molestaba, después de lo que estábamos viviendo, lo mire y no lo podía creer, estaba tirado en la tienda de campaña, creí que estaríamos haciendo suposiciones, pensando como salir de esto, muertos de risa por los nervios, ¡ademas de estar con miedo!, ¿Pero callados? Nunca, a mi amigo lo supero todo lo vivido.

- No se que te paso, me gustaría escucharte, se que en tu cabeza dan vueltas un montón de cosas, lo que no entiendo es por que no decís nada.

Adrián estaba con la mirada perdida, siendo sincero me preocupaba, la noche volvió a llegar, y ahí estaba sentado en la fogata, grande como para veinte personas, un poco exagerada, no dejaba de ponerle ramas cecas.

- Amigo vas a incendiar el campamento.

- Hay que estar preparado, uno nunca sabe. - Efectivamente algo lo tenia mal, y no tenia muchas ganas de esperar.

- ¡Ya estamos grandes!, Estas con esa actitud misteriosa, ¡Que me da ganas, de sacarme los zapatos y tirártelo por la cabeza!... ¡Decime algo!.

Seguía callado, al menos esperaba que me pida un poco de tiempo para hablar, si es que le pasaba algo malo, siendo el amigo de toda la vida, sabia que todo me contaba, tarde o temprano hablaría, no esperaba menos. Agarro un par de ramas secas, se sentó a un costado del fogón, me llamo con señas y me senté a un costado.

Hasta que empezó a contarme. - Leí un libro raro, mientras espera, en una oficina apartada, en la casa de Adam, fue uno de esos días raros, tenia que esperar, me dijo que para que no me aburra lea lo que quiera y así fue, me llamo la atención un libro que hablaba de todo tipo de monstruos, mire un par de ellos al asar, te indicaba, su procedencia y la técnica, como eliminarlos, eso fue lo que mas me llamo la atención, indicaciones como para un cazador, me dio gracia, a pesar de la experiencia que vivimos, con eso lo de las almas en pena, hasta la otra noche, cuando apareció ese monstruo, en el libro estaba señalado como Wendigo.

La verdad que me dejo sin palabras, todo lo sobre natural estaba siendo real, algo en lo que nunca creí, lo veía como un asunto, que solo podía ser hablado por locos, yo también vi ese bicho llamado Wendigo, y no me dejaba para nada tranquilo saber que algo así, nos podía estar buscando.

- ¿Pudiste leer como se elimina este monstruo?

- ¡No! Lo que recuerdo es un dibujo, mucho fuego y esta bestia en el medio de él ardiendo, esa es la manera.

Quedamos callados, nos turnamos para que nuestra fogata no se apague, hasta que llegue el amanecer. El sol radiante se asomo, desperté exaltado, a mi no me tocaba dormir, mire a mi amigo, estaba bien, por suerte no nos había pasado nada, quien sabe, en una de esas a esta bestia ya no le interesábamos. Decidimos quedarnos una noche mas, para juntar provisiones, tomar coraje y seguir nuestra aventura como mochileros. Así que con la fogata a fuego máximo nos mentalizamos.

- ¡Tenemos que seguir, hay que ser conscientes!… ¡Sera una caminata larga, con paradas para descansar, acampar por las noches, podría llevarnos varios días, necesitamos resistencia, cosa que no tenemos!. - Para hacer esta aventura de manera segura y exitosa, sabíamos que necesitaríamos una buena preparación física y mental… ¡Algo que nunca tuvimos!. Los suministros es algo con lo que contamos. - Lo que nunca imaginamos tener, un Wendigo que nos quiere muertos. ¡Las condiciones no son favorables y como siempre, va a depender de nosotros!.

Adrián se quedo pensando, miro la fogata, me miro a los ojos y me dijo.

- Tenemos que elegir, que hacer ¡No somos cazadores! ¿Tampoco podemos quedarnos a vivir?... ¿O si?. Hay que prepararse para seguir y tengo una idea.

La verdad que lo único que se me venia a la cabeza, se asociaba con escapar, no se me ocurría otra cosa, no podíamos preparar una emboscada y pretender agarrar a este bicho a palazos y listo, ya vimos que una cuchilla enterrada en la cabeza no le hace nada. Adrián hablo de un libro y que en ese libro explicaba como matar a bestias sobrenaturales y por lo que vio, el fuego seria nuestra arma letal. ¿Pero como?.

A la mañana siguiente mi amigo me dijo que lo espere, que se le ocurrió la idea del año, para dejar de estar en peligro, aunque esto signifique enfrentar una vez mas al Wendigo. No tenia idea que se le podría haber ocurrido, conociéndolo podía ser capas de inventar alguna trampa exorbitante o desastrosa, a la distancia venia caminando con una bolsa al hombro, de buen humor, dejo la bolsa en el suelo y comenzó a sacar aerosoles, dos juegos de cinturones con ganchos a los costados, encendedores, bótelas vaciás, alcohol y trapos, la idea parecía a simple vista, que llevemos en la cintura algunas bombas caseras, una locura, lo mire y espere a ver que tenia para decir, me miraba como nene con juguete nuevo y por fin hablo.

- ¿Supongo que sabes de que se trata todo esto? Quiero que estemos preparados, por lo poco que entiendo, este Wendigo nos va a seguir y cuando aparezca no quiero que nos tome de sorpresa, no va a ser fácil pero estoy seguro, que a uno de los dos nos va a atacar primero, es ahí cuando tenemos que actuar.

Lo mire con atención, algo de razón tenia, así que hablamos, pensamos todas las situaciones posibles y que hacer, el día termino, prendimos la fogata como para que arda toda la noche, nos encerramos en la tienda de campaña y preparamos bombas caseras, las cuales llevaríamos ocultas, los cinturones con aerosoles a los lados, encendedores a mano. Una vez que amanezca estaríamos listos para continuar nuestro camino, dormimos aproximadamente una hora cada uno, hasta que el día se hizo presente. Nos preparamos temerosos, podíamos estar a punto de salir a nuestra ultima aventura de mochileros.

Caminamos despacio, mis pierna temblaban, costeamos por ultima vez el lago **Open Pond**, nos miramos suspirando al mismo tiempo, teníamos bien claro que si aparecía este hombre bestia, nuestras vidas corrían peligro. Ya hacia unas dos horas que nos habíamos alejado del lago, solo escuchábamos el sonido de la naturaleza, cosa que inspiraba tranquilidad, de todas maneras no podíamos darnos el lujo de distraernos.

- ¿Escuchas?

Me preguntaba Adrián, preste atención y nada, el silbido del viento cruzaba entre los arboles, podía estar llamando la atención de mi amigo o esos pájaros de colores, al menos a mi no me llamaba la atención otro sonido.

- ¡Escucha en el viento!… es una voz susurrando, dice mi nombre.

Lo mire con atención, mire para un lado y para el otro, busque a ver si se veía algo, Adrián se detuvo señalado el cielo, pidiendo con su dedo indice que haga silencio, quería que escuche, hasta que escuche en el viento una voz llamando.

- No dice tu nombre, escucha bien, presta atención, ¡Dice mi nombre!.

Yo escuchaba en el viento bien claro una voz que me llamaba, Adrián decía lo mismo, aceleramos el paso. Llego un momento en el que estábamos cansados, de tanto caminar. Resultaba inevitable, necesariamente teníamos que descansar, así que fuimos a un costado del camino y nos sentamos. Me dolía la cabeza, empece a sentir un mareo, todo giraba a mi alrededor y esa maldita voz comenzó a decir mi nombre con mas claridad, cerré los ojos con fuerza, hasta que deje de escucharla. Mire a a la derecha y estaba Adrián intentando armar una fogata, veía que el fuego se le apagaba una y otra vez, hasta que prendió. Se ve que me dormí unos segundos, porque desperté exaltado.

-¡Tranquilo amigo, esta todo bien!

Adrián me tenia del brazo, mi corazón estaba a cien por hora.

- ¡Vení acercate al fuego!.

Sinceramente no se como paso el tiempo tan rápido, ¡estaba oscureciendo!, por suerte mi amigo estaba atento y despierto. Me acerque a la fogata, estaba asando una carne que no se de donde saco, que siendo sincero, estaba riquísima, luego de comer prepare café para ambos, con poca espuma, pero rico. Esa noche la pasamos bien, ninguno de los dos escucho la voz del Wendigo, nos cuidamos como siempre, mientras él descansaba yo cuidaba y viceversa, hasta que una vez mas amaneció, y estábamos vivos.

6

El Wendigo

Teníamos que seguir avanzando, mientras mas nos alejábamos mas tranquilos estábamos y seguimos caminando, sinceramente estos últimos días, ninguno disfrutaba la experiencia de ser mochilero, no hacíamos mas que caminar con la sensación de estar huyendo, así que paramos en el lugar al mismo tiempo y nos miramos fijo a los ojos.

- ¡Estoy cansado! Estamos corriendo sin disfrutar del camino, hasta acá llegue, ¡no podemos depender de un monstruo o lo que demonios sea, para seguir!.

Adrián me miro y coincidió conmigo, nos sentamos, replanteamos nuestra situación en medio de la nada, podía pasar cualquier cosa, sin embargo estaba todo dicho, nuestra idea siempre fue la misma, así que la respetamos. Decidimos seguir disfrutando cada momento, enfrentando nuestro destino, recuperamos aire marcamos el camino a seguir, **Petal, Misisipi,** siempre en dirección a **Luisiana,** convencido de que esta ruta ya la habíamos elegido en alguna otra oportunidad, nuevamente de pie como soldados, después de un buen rato, hicimos nuestro saludo de la infancia, alistamos nuestras armas caseras, ya estaba todo dicho, pase lo que pase, esta aventura seguiría hasta el final.

Los arboles parecían figuritas repetidas, necesitaba descansar, no se exactamente cuanto tiempo hacia que estábamos caminando, el sol se acercaba al oeste, todavía estaba bien alto.

- Amigo ¿me cubrís diez o quince minutos?, estoy con sueño, un rato y seguimos.

Me pesaba la cabeza, por suerte Adrián no tenia problemas, el estaba mas entero, con mas resto, así que nos apartamos del camino, me recosté sobre la mochila, no termine de ver como mi compañero encendía una nueva fogata de prevención, así la empesamos a llamar, y me dormí al instante.

"Camine ida y vuelta por el fondo de mi casa, los arboles de la casa lindera caían como si estuvieran tirándolos de un solo hachazo, una voz llamaba a lo lejos, no entendía que decía, se escuchaba muy baja, esa voz se transformo en grito, hasta que empece a entender, decía mi nombre desesperado y reaccione".

Estaba dormido y desperté, los gritos seguían, cuando abrí bien los ojos, lo vi, el maldito Wendigo tenia arrinconado a mi amigo, contra unos arboles, Adrián me miro haciendo señas para que lo siga, corrió y el Wendigo lo siguió, tome las botellas que pude en una bolsa, trapos, alcohol y dos encendedores que tenia a mano, acomode los aerosoles que tenia en la cintura y salí sin perder mas tiempo. Y ahí estaba mi amigo en la parte de atrás de lo que parecía una iglesia, ya estaba oscureciendo, en una de sus manos tenia el aerosol y en la otra el encendedor, estaba muy cerca de ellos, no se a cuantos metros, pero podía ver como impedía que la bestia lo muerda dando fogonazos con el aerosol como lanza llamas, me prepare con la botella y el trapo, arme una bomba casera y la encendí, al alzar la vista vi, no se si se le acabo el aerosol o el encendedor quedo sin gas, Adrián quedo sin fuego, el Wendigo lo tenia listo para comer, no sabia que hacer, imaginaba que si tiraba la botella y le pegaba en la cabeza, estaba junto a mi amigo. Entonces la revolee lo mas cerca posible, la botella al caer exploto, prendiendo fuego las piernas del Wendigo, que enloqueció y le pego a Adrián en el pecho, cayo prácticamente noqueado. Corrí tirando fogonazos con mi aerosol combinado con el encendedor y pude apartarlo, levante a mi amigo como pude, estaba como gelatina, no se podía sostener en pie, de todas maneras salimos de ahí, nos resguardamos en lo que si, resulto ser una iglesia, nos escondidos tras el altar, no imagine jamas terminar rezando por mi vida en una capilla, el Wendigo sacudió su cuerpo y el fuego que lo cubría por debajo de la cintura se apago, sentimos el crujir de la puerta de la iglesia, un estruendo sobre nuestras cabezas nos asusto con Adrián alzamos la vista y lo teníamos parado mirándonos con la boca abierta gruñendo, el final de nuestras vidas había llegado, nos cubrimos la cabeza con los brazos y sentimos un disparo que nos aturdió, el Wendigo cayo desparramado sobre los bancos, con Adrián nos levantamos, no se si fue fe o suerte, un cura con una escopeta, se paro delante de esta bestia y comenzó a dispararle, las balas que chocaban en la cabeza y el pecho del Wendigo poco a poco ardían en llamas. No se que tipo de munición uso, lo cierto es que el bicho ardía en llamas, estaba de rodillas, gritaba tan fuerte que temblaban los vidrios, hasta que dejo de gritar, el fuego lo consumía, luego de una explosión luminosa el Wendigo desapareció, dejando un olor desagradable y humo que se disperso en el aire.

- ¡Muchachos ya están a salvo! Este Wendigo dejo de existir, soy el padre Jesus.

Con Adrián nos miramos, la verdad que si lo veíamos en una película, estoy seguro que nos parecería demasiado exagerado, pero así dijo que se llamaba, después de semejante intervención, no se lo íbamos a poner en duda. Este hombre nos salvo la vida, nos brindo hospitalidad, nos resguardo.

7

¿Dos días en la iglesia?

La verdad es que extrañaba mi cama y por supuesto a mi novia, hacia días que no sabia de ella, todo el tiempo me preguntaba que hacer, me resultaba raro, sentía que todo estaba pasando muy rápido y tenia la sensación, que hacia años que estaba dando vueltas. Si tengo que ser sincero esa noche nos toco un buen lugar donde dormir, por supuesto en la iglesia, el padre Jesus nos atendió como si nos conociera de toda la vida y nos dijo, que por la mañana nos esperaba un gran desayuno y que había mucho para hablar. Supuse que el nos podría contar un poco de estas cosas sobrenaturales.

A pesar de estar casados nos costaba dormir, podríamos haber muerto, me senté en la cama y mire a mi amigo. Nos salvamos y no entraba en mi cabeza lo que paso, teníamos que hablar. Y simplemente pregunte.

- ¿Como estas amigo?

Adrián me miro, giro en la cama, apoyo sus manos en el colchón, recostó la espalda en la cabecera de la cama recogió sus rodilla y me dijo.

- No encuentro palabras para decir, por mi cabeza pasa todo lo que vivimos estos días, lo de las almas en pena y ahora este wendigo, me cuesta procesar semejante locura, ¡creí que estaba loco!, aunque seriamos dos los locos, porque vimos lo mismo, o tres con el Padre de esta iglesia.

Tenia razón, me sentía un loco… de ser alguien que no creía en nada, a ser testigo de estas apariciones, nos convenía intentar descansar y ver que hacer. Por la mañana nos despertó una mujer muy amable de pelo castaño ondulado, con una gran sonrisa.

- Muchachos el desayuno estará listo en diez minutos, ¡si les gusta las media lunas, les aconsejo que se apuren!.

Con una risa cómica se fue haciendo palmas con sus manos, ¡nos dio mucha gracia!, nos levantamos de un muy buen animo, nos aprontamos y salimos por un pasillo que nos llevo al comedor, donde nos encontramos con Sara, que fue quien nos despertó, Fernanda, Claudia, Lucio, Jose, Pedro y el Padre Jesus un gran equipo. Desayunamos tranquilos, nos fuimos presentando, conocimos la historia de todos, hablamos de nuestra aventura y en el momento menos esperado el Padre Jesus nos pregunto y nos dijo.

- ¿Recuerdan lo que vivieron? Se que si, lo veo en sus ojos, quiero que en este caso se queden tranquilos, el Wendigo ya no existe, no quiero hablar de mas, necesito saber ¿Esta es la primera vez que viven este tipo de experiencia?

El padre Jesus nos inspiro confianza y decidimos contarle todo lo que vivimos, nos escucho, nunca habíamos pasado por este tipo de experiencias. Estaba sorprendido no lo podía creer, que a pesar de ser principiante, nos pudimos defender. Entendió que nos estaba pasando, se quedo en silencio por un instante y hablo.

- Podrán ver que lo sobrehumano lo sobrenatural, como se les ocurra llamarlo, existe y desde siempre, son pocas las personas que lo saben, pocos los que lo ven, en cuanto a ustedes, creo que es la excepción, aunque presenciar la partida de un ser humano, los vuelve mas propensos a tener encuentros de estas características.

- ¿Y ahora que?. - Le pregunte. - ¿Como vamos a vivir?.

El padre Jesus sabia de que se trataba todo esto, nos miraba con atención a ambos,, el imaginaba por donde andaban nuestros pensamientos, preocupados, asustados, es imposible ver la vida como la veíamos antes. Terminamos de desayunar, el padre se levanto apoyo sus manos en la mesa y nos pidió que lo sigamos. Entramos en un bunker, bajamos escaleras, estaba oscuro no lograba ver nada, hasta que en secuencia, una detrás de otra se iban encendiendo las luces.

- Tendrán que ver en que se convierten a partir de hoy, ¿que tipo de personas van a ser?, ya no podrán ignorar esta realidad.

Ese bunker tenia todo tipo de armas, arcos y flechas, ballestas, escopetas, revólveres, municiones de todos los colores, granadas, cuchillas, espadas, frascos con líquidos, con Adrián nos miramos sorprendidos, un arsenal que nos dejo sin palabras, ademas de un gimnasio con maniquíes de madera, un sector de tiro al blanco. ¿Quienes eran estas personas, un padre que tenga semejante arsenal en un bunker, por que y para que?, tenia que preguntar.

- Padre disculpe que pregunte, ¿quienes son, que hacen, la iglesia es una fachada?

El padre Jesus camino muy tranquilo, en dirección a una de las esquinas, abrió un cajón, no alcance a ver que agarro y lo vimos girar a toda velocidad, lanzando un cuchillo plateado, que brillaba en el aire reflejando cada luz de su trayectoria, dio en la cabeza de uno de los maniquíes, que estaba a diez metro de él. - ¡Guau!. Me salio la expresión sin pensar.

- Señores ustedes decidirán, ¿combatir o huir?, cada vez que aparezca algo sobrenatural, podrán huir y eso no sera por siempre, porque esto los perseguirá, ahí tendrán que combatir, pero ser la presa de por vida, no es la mejor idea y ya que están en el baile, ¿si me permiten el consejo? Se los diré.

El padre Jesus, si es que así tenia que llamarlo, quedo callado esperando nuestra respuesta, no podía hablar, toque con mi mano a mi amigo para que diga algo, me miro, estaba como yo aunque el si pudo reaccionar.

- Padre, ¿que nos aconseja, como seguimos?

- Son jóvenes, se que tienen una vida que seguir, aunque todo cambiara, deberán convertirse en cazadores como nosotros, aunque los asuste, tienen que aprender, es la única manera de seguir con vida, yo estoy para ayudarlos, en pocos días se que los podemos preparar para esto y podrán seguir su camino, el sueño de mochileros se ara realidad, con una gran diferencia, cuando salgan del convento, estarán listos y cazaran a cada bestia sobrenatural que se cruce en su camino.

Al final, de haber pensado en quedarnos uno o dos días, nos terminamos quedando, ¡Siete días mas!, entrenando aprendiendo técnicas para combatir todo tipo de bestias. Estábamos apartados, detrás de la iglesia, se veía claramente, que utilizaban este lugar para entrenar, al aire libre. El padre Jesus miraba de lo alto.

- Mi nombre es Sara ya me han visto, hoy les voy a enseñar a utilizar el arco y la flecha, verán que importante es, a la hora de definir un combate.

Sara me sorprendió, una mujer de vestido largo negro, estaba con su pelo recogido, camino mirándonos, con una flecha en la mano, se paro frente a nosotros y con su mano arrojo la flecha y le dio en el blanco.

- Tienen que resolverlo en cada momento, no siempre, en caso del arco y flecha van a estar con la distancia suficiente para preparar el tiro.

Jamas habíamos tirado con un arco, aprendimos distintas posturas, practicamos tiro al blanco, los siete días, al menos una hora y media, desde temprano, luego se presento Fernanda, ella apareció con muchas trenzas en su cabeza, un escudo de madera, bastante pesado, nos enseño el arte de la escudería. Una escudera, que parecía traída de la época vikinga, increíble pero real, cada día que pasaba nos llenaba de valentía.

- No es normal en estos tiempos, salir a la calle con un escudo en la espalda, aunque les digo que si todos supieran, que seres de estas características existen, estoy segura que todos tendrían uno para defenderse.

Ella nos mostró técnicas de defensa y de ataque, nos hizo ver que hay muchos objetos que se pueden usar como escudo. Llego el turno de Lucio ahí si que se complico, porque comenzamos trotando corrimos quince minutos, nos hizo hacer flexiones de brazo, abdominales y se presento.

- Muchachos mi nombre es Lucio, soy quien tiene que intentar ponerlos en forma, van a entrenar conmigo estos siete días y van a poner en practica técnicas marciales para defensa y ataque.

Lucio nos tubo a los saltos, ¡aprendíamos o aprendíamos!, una semana donde nos enseño artes marciales mixtas, tomas especificas y técnicas de golpes que si nos salían como a el, seria una ventaja ante cualquier persona que se nos enfrente. Llegaba el medio día nos sentábamos a la mesa, dábamos las gracias, para comer y muy bien, no sabíamos por que la atención, el cuidado, nos entrenaban con tanta devoción, ¿Por que?. Cada tanto entre Adrián y yo, se cruzaban miradas con cierto desconcierto. Los siete días fuero de la misma manera. Después del medio día llegaba el turno de Pedro y luego Jose. Pedro hablaba y decía que todo dejaba rastros en su camino, hasta aquel que no se movía, todos los días salíamos una hora a caminar prestando atención antes de pisar, volvíamos por otro lugar y nos hacia ver la diferencia, el antes y el después, un hombre minucioso, encontraba cada detalle y lo mostraba. Por ultimo Jose comenzó hablando, diciendo que todo es sospechoso, hasta nuestra sombra, el decía que te pueden estar siguiendo, siempre y que ese no es el problema, el problema es no saberlo, nada ni nadie en esta vida debe sorprenderte, nos dejo bien en claro que todo lo que te imagines puede existir, que a partir de ahí debíamos empezar a ver la vida.

Me asustaba saber que cualquier cosa podía cruzarse en nuestro camino, me mire en un espejo, varias veces, la verdad no dejaba de preguntarme si no estaba loco, ¿Todo esto era cierto?. Los días pasaban rápido, el padre

Jesus nos dijo que llegando a **Petal** teníamos que pasar por una vieja biblioteca, para pedir un libro, con un nombre particular, San Rafael protector de viajeros, es una guiá donde aparecen algunas técnicas y debilidades para enfrentar a bestias sobrenaturales. En cuanto al libro, deben cuidarlo y aprender de él, se manifestara cada vez que lo necesiten y cuando sepan lo necesario, deberán dejarlo en alguna biblioteca, para nuevos elegidos, si el libro lo requiere, no lo podrán dejar porque se les ocurra, se va a manifestar donde deben dejarlo. El tiempo paso, teníamos que seguir. Dormimos esa ultima noche, con velas encendidas de distintos colores y aromas, puestas una después de la otra en fila, alrededor de nuestra habitación, colocadas por Sara y Fernanda, mientras las encendían decían a coro, Bienestar, Fuerza, Armonía, Union, Protección y Salvación. Les dimos las gracias, todo esto nos seguía resultando increíble.

- ¡Muchachos están listo!, tendrán que seguir entrenando día tras día, cuando lleguen a la biblioteca antes de pedir el libro deberán mencionarme, saquen provecho y aprendan de San Rafael.

Prepararon nuestras mochilas con agua bendita, verbena, un rosario para cada uno, sal, provisiones para unos días, una cuchilla de plata para cada uno. Estaban todos en la puerta del convento para despedirnos, no creí emocionarme y mucho menos ver que mi amigo estaba como yo, la verdad quería saber por que tanto preparativo, y sin preguntar, el padre Jesus nos dijo.

- ¡Niños esto es el principio!, el fin esta mas cerca y va a depender de nosotros, de ustedes, se seguirán sumando mas personas, seremos quienes ayudemos a la humanidad, el apocalipsis no llegara como lo indican los libros antiguos, supongo que después de la experiencia, que les toco vivir, me entenderán.

El padre Jesus hablaba convencido, el fin del mundo venia por nosotros, por la humanidad y no por la tierra, se refería a las bestias, de ahí la preparación.

Saludamos uno por uno a todos, con un fuerte abrazo, respire profundo y comencé a caminar despacio mientras Adrián terminaba de saludar. Nos apartamos lentamente, nada de lo que nos paso, estaba en nuestros planes, ¡por mas imaginación que se use!, nunca se nos podría cruzar por nuestras cabezas, semejante delirio. Los primeros diez minutos ninguno de los dos hablo, silencio absoluto, diez minutos mas y seguíamos sin decir una palabra. Ya hacia dos horas, estábamos bien alejados de la iglesia y ya me sentía raro, Adrián no hablaba yo no sabia que decir, completamente sin palabra. Estábamos pasados del medio día, habíamos avanzado un montón, y propuse parar a comer, con un gesto Adrián me indico que si, que paremos, no me convencía seguir así, sin decir nada, parecíamos esos que se pelean y ninguno de los dos quiere arrancar a hablar primero, algo que por supuesto no había pasado, a mi no me pasaba nada, tenia que saber si el

65

tenia algún problema. Paramos a comer, tenia que comenzar alguna charla.

8

El cementerio

- ¿Te pusiste a pensar, en todo lo que dijo el padre Jesus?, si todo esto es cierto, me refiero a la apocalipsis, ¿Donde nos deja parado?

Adrián tomo agua, ¡miro para todos lados!, por supuesto lo copie, ¡También mire!, a pesar de tener un poco mas de conocimiento, seguía perseguido, no era para menos. Mi amigo se sentó y respondió, con un tono desinteresado, ¿O cansado?.

- Tenemos dos alternativas, ¿Seguir nuestro camino y defendernos cada vez que nos pase algo, o prepararnos para convertirnos en cazadores?.

No teníamos mas opciones, eso es cierto, de alguna manera percibía, por su tono de voz, que le podía estar pasando, no estaba cansado ni desinteresado, ambos estábamos condenados, costaba digerir, que cumplir un sueño de la infancia, se transforme en una especie de pesadilla y estando despiertos, sonaba simplemente, a una locura, pero real.

No hablamos mas, admiramos el paisaje, sin decir nada, dormimos unos minutos bajo la luz del sol, recuperamos fuerzas y seguimos por un camino empedrado, estaba a punto de llegar el atardecer, no encontrábamos lugar propicio para acampar, seguimos al menos un kilómetro y medio mas, hasta que vimos que en la dirección hacia donde estábamos yendo, cortaba a unos cien metro, en nuestro horizonte una gran reja negra. Nos tomo de sorpresa, teníamos la costumbre de marcar el camino sin prestar atención a los detalles, la intención por supuesto, tenia que ver con la sorpresa, hacer las caminatas de mochilero a la antigua, dentro de lo que se podía. Mientras mas nos acercábamos a las rejas mas nos sorprendimos. De lejos se veían personas vestidas de negro, hasta que vimos lapidas, neblina densa, lo que faltaba, un cementerio cortaba nuestro paso, No teníamos idea que tan grande podía ser, la noche se nos venia encima. La pregunta ¿Que hacíamos? ¿acampábamos donde estábamos? O ¿cruzábamos el cementerio en plena madruga?. Después de lo que habíamos vivido, ¿Que mas nos podía pasar?, teníamos hambre, el cansancio nos ganaba, estaba todo dicho.

Esta vez teníamos una carpa para dos, mas chica que la anterior y las bolsas de dormir. Intentamos pasar por alto lo vivido, no pensar, al menos por esta noche, íbamos a dormir pegados a un cementerio, lo único que faltaba, que esta noche, los muertos decidan salir de las tumbas.

Preparamos para comer, unos frutos secos, un poco de cereales, con un jugo de manzana. Por suerte todo estaba bien, una noche tranquila, esta vez nos acostamos al mismo tiempo, ninguno de los dos hizo guardia, "si nos tenia que pasar algo" pensaba, hasta que me acorde algo de lo que aprendí, nada tenia que tomarnos de sorpresa, así que le pedí a mi amigo que me ayude, improvisamos unas trampas alrededor de donde acampamos, la oscuridad de la noche me genero escalofríos, recordé al Wendigo.

- ¡Que cosa fea! - Dije en voz alta.

- ¿Quien? - Dijo Adrián. - El Wendigo. - Le respondí. - ¡Reímos al mismo tiempo!.

Quedamos mirando en dirección al cementerio, nos tiramos al piso, luego de ver una luz, como un farol de mano, unas diez personas, ¿ Por la noche, gente?.

- ¿Hacemos algo?. - Me pregunto Adrián.

A que tipo de persona se le puede ocurrir, pasear en un cementerio de noche, no creí conveniente que nos metamos, supuse que en un lugar así tendría que haber gente que cuide, dimos la vuelta despacio y se escucho un aullido como nunca había escuchado, nos miramos sin decir nada, apuramos el paso, nos metimos en la carpa, cerramos dejamos todas las luces apagadas y nos llamamos al silencio. ¿Decime que no son lobos? pensaba hasta que sin darnos cuenta nos quedamos dormimos. Desperté asustado cuando amaneció, me asome y mire hacia el cementerio, la neblina lo cubría por completo. Con Adrián nos aprontamos, tomamos un buen café, y ahora si, seguimos nuestro camino, bordeamos el cementerio, con un miedo, imaginamos cualquier cosa, de repente se escucho que alguien lloraba, un grito fuerte y agudo, mis piernas temblaban, caminamos mas rápido, prácticamente trotamos, hasta que veo a Adrián que corrió como un loco, yo ni lerdo ni perezoso reaccione de inmediato y corrí como nunca, hasta que lo alcance. No sabia por que salio apurado sin decir nada, ló tome del brazo, se detuvo y me miro como perdido, entonces le pregunte.

- ¿Estas bien amigo, que te paso?

- Me asuste vi a un hombre.

- Bueno pero eso no significa nada. - Le dije, como para que se calme.

- ¡Su cara estaba desfigurada!, le vi hasta los huesos de su mandíbula y corrí, me asuste ¿Se entiende, se entiende?.

Mi compañero de aventura, estaba pasando por un mal momento, los dos sufrimos de pánico, es algo que no tiene discusión. Había que superar lo vivido y seguir. Lo increíble de esto fue, que no paso nada, después de toda la información que nos dio el Padre Jesus y sus discípulos, esto fue un susto, nada mas que eso, por suerte yo no lo vi. Adrián se calmo, supongo que nos habernos alejado del cementerio ayudo.

En el transcurso de la mañana, pudimos hablar de todo lo que vivimos y de lo que nos podría ocurrir, este futuro incierto preocupaba. Nos vino a la cabeza que Ariel nos quería encontrar en el camino, si él calculo nuestro tiempo en ruta, creería que a esta altura estaríamos a punto de llegar a **Luisiana**, una semana en la iglesia cambia todo. Adrián se fijo su celular y no podía hacer nada, estaba sin batería, el mio estaba roto, así que cuando estemos en **Petal**, sabríamos por donde andaba Ariel, si es que decidió sumarse, ¿Que tan bueno seria que se nos sume?.

Llegamos a un nuevo pueblo, totalmente desconocido para nosotros, como los anteriores, a decir verdad, en mi caso al menos, podía perderme en un supermercado, pero acá seguíamos, decidimos descansar en un hotel económico de **Jackson Alabama**. No es que nos sobre dinero, sinceramente mis piernas temblaban del cansancio, Adrián decía que le salieron ampollas en los pies, inevitable un descanso merecido, los pies al agua con sal y a dormir en una buena cama.

Al otro día nos despertamos como nuevos, después de pasar por un cementerio, donde por suerte los muertos no se levantaron, intentamos comunicarnos con Ariel, lamentablemente no pudimos, de todas maneras le avisamos, con un mensaje, por donde íbamos y a donde. Había que seguir, no estábamos convencidos, no teníamos idea, como enfrentar semejante información, como le decís a tus familiares o a tus amigos, que se viene una apocalipsis.

Sin pensar como en automático nos retiramos del hotel con rumbo a **Petal**, confieso que ambos estábamos desganados, lo único que me importaba en ese momento era llegar a esa vieja biblioteca y ver si ese libro que parecía tan importante le daba algún sentido a nuestras vidas, por supuesto, no podía dejar de pensar en Ariel, esperaba encontrarlo bien y prepararlo para lo que se venia.

9

Corrió como nunca

El sol pegaba fuerte en el asfalto, no hacia mas que mirar mi sombra, hasta que me asuste con los bocinazos de un camión que se acercaba bajando su velocidad, cuando nos alcanzo freno, al volante se encontraba un joven latino que nos ofreció llevarnos, que afortunadamente se dirigía a **Petal**, por supuesto que agradecidos aceptamos su propuesta. Cesar así nos dijo que se llamaba este camionero caído del cielo, que nos decía.

- Les soy sincero, no se como se animan a caminar con este calor, supongo que todo tiene un porque.

Con Adrián nos reímos, si supiera, que nuestro porque inicial, de cumplir una fantasía de la infancia, se transformo en una lucha sobrenatural, que ni nosotros podíamos creer. Viajamos aproximadamente una hora y media donde no hicimos mas que escuchar música y reírnos de anécdotas que contaba Cesar de sus primeros dos años como camionero. Habíamos calculado un día de viaje caminando, que se redujo a unas dos horas. En la entrada a **Petal**, Cesar freno y nos dijo.

- Muchachos amigos de ruta, si el destino así lo quiere, nos volveremos a ver, y si no, ha sido un gusto conocerlos.

Cesar bajo con nosotros del camión y nos dio un fuerte abrazo, que se sintió familiar, como de esas personas que conoces de toda la vida, nos despedimos de él, subió nuevamente al camión puso primera y salio dando dos bocinazos, miramos como se alejaba, hasta perderlo de vista. Tome aire y le dije a mi amigo que teníamos que seguir. Teníamos que encontrar esa vieja biblioteca y no quedaba otra que preguntar.

- ¡Para, muero por un Taco!

- ¡Dale si ni tenes idea que es!. - Adrián se encapricho, claro frente a mis narices en una esquina estaba un restaurant de comidas rápidas, contamos cuanto nos quedaba y ahí fuimos. Después de cuarenta minutos, salimos con la panza bien llena. Ahora si, caminamos, las calles estaban tranquilas, no cruzamos a nadie, miramos de un lado a otro, a media cuadra en una de las calles vimos a un abuelo, que levantaba la mano, nos quería decir algo.

- Hola muchachos, ¿Los puedo ayudar, están perdidos?.

- Gracias abuelo, si estamos medio perdidos, estamos buscando una biblioteca antigua.

- Ah si, están cerca, que bueno, ¡pensé que no los vería!, llegando a esa esquina, tienen que girar a la izquierda caminen hasta cruzar una escuela, luego a la izquierda otra vez, mas adelante verán un parque, ustedes le dicen plaza, yendo por la derecha, una vez que estén ahí, la encontraran.

Le dimos las gracias a este abuelo, que fue muy amable, un poco extraño, sonaba raro, como nos hablo, no entendí, hablo como si nos esperaba, supuse que estaba confundido, caminamos tranquilos, mientras mas nos acercamos, menos ganas de llegar tenia, no entendía por que. Cruzando la plaza, corriendo venia a los gritos Ariel, con la mochila al hombro y estirando la mano con un libro.

-¡Corran, Corran!.

Ariel desesperado, paso entre nosotros, como un rayo, estirando la mano, con un libro que se iluminaba. Corrimos detrás de él, no entendíamos nada. Seguimos corriendo un par de cuadras mas, a punto de quedar sin aire, lo vi al abuelo, que nos hacia seña, por suerte nos ayudo, ingresamos por un pasillo, que se cerro rápidamente cuando entramos. ¿Que hacia Ariel ahí?. Vi que la tapa del libro decía, **San Rafael protector de viajeros.**

- Guarda ese libro que no lo vea nadie, ¡dale ahora!

No dude en decirle, que lo guarde, aun no sabia que le paso, pero por algún motivo tenia el libro, así que teníamos que protegerlo. Apareció el abuelo y nos dijo, miren sin cuidado, por la ventana que da a la calle, que de afuera no se ve, y podrán ver, tres hombres y una mujer, se notaba que buscaban a alguien.

- Esos que están afuera, buscan el libro, no se todo, lo que se, es que tienen que dar sus vidas, si es necesario por ese libro.

El abuelo hablo convencido de lo que decía, no nos dijo quien era, solo nos dio a entender que tenia que protegernos en este momento y que lo veamos como un abuelo, que ve un poco mas que los demás, o simplemente un vidente. Nos ofreció que descansemos al menos esa noche y que sigamos nuestro destino al día siguiente. Teníamos una charla pendiente con Ariel, preferí esperar a que se sienta seguro, lo veía desorientado, me mira buscando una explicación, y le dije que cuando este listo, podía hablar y contar con nosotros, que se quede tranquilo, que lo que estaba pasando, parecía una locura, pero era una realidad. Pasamos la noche tranquilos y dormimos lo que pudimos.

Al día siguiente nos despertamos un poco mas relajados, el abuelo nos preparo un buen desayuno y nos repuso las provisiones y dijo.

-¡Tienen que estar preparados, para seguir!.

Entonces ya que dijo que el veía mas que los demás, le pregunte.

- Con todo respeto, que cree que debemos hacer, tiene algún consejo, que nos pueda ayudar.

- ¡Sigan su camino, el andar los convertirá en lo que este mundo necesita!.

¿Quien era este abuelo? Calmaba el alma cuando hablaba, le pregunte, tanto a Adrián como a Ariel como se sentían, ambos me respondieron lo mismo. - ¡Como nuevos!. - Igual que yo. El abuelo nos hizo esperar, salio a la calle unos minutos y al entrar nos dijo.

- ¡Tienen el camino despejado, es hora!.

Ahora si finalmente los tres juntos, rumbo a **Luisiana**, durante el viaje, tenia que encontrar la manera para que Ariel nos cuente que le paso, como y por que dio con el libro. Pensé que tres caminando seria un poco mas ruidoso, se escuchaba el aire que respiraba. Si caminábamos sin parar podría calcular que estaríamos en unos cinco días, como no somos robot, creería que entre diez o doce, quien sabe, nos sobraba el tiempo, para conversar, supuse que si yo empezaba contando lo que pasamos, lo inspiraría y por naturaleza largaría todo. Empece del principio, con gracia nos reímos un poco de Adrián un poco de mi, llegamos al nombre de Deisy, Adrián se puso serio, no quería tocar el tema, lamentablemente sentí que resultaba inevitable, si quería que Ariel sienta confianza, teníamos que contarle todo. Pasaron dos horas y media, hablamos de la iglesia, del padre Jesus, su nombre le causo gracia, pero no decía nada, cuando termine de hablar, ya no tenia mas que decir, me quedaba esperar que Ariel diga algo por su cuenta, pasado unos cuantos minutos al ver que no arrancaba, seguí hablando, le dije que viajamos en un súper camión, por fin Adrián se sumaba a las anécdotas. Prácticamente terminando de hablar, mientras me iba quedando sin palabras, le hacia movimientos con mi cabeza, dando a entender, que tenia que comenzar el a contar lo suyo, pero no había caso, entonce fui directo.

- ¿Podrás contarnos, como terminaste corriendo en una plaza?, ¿Que te paso?

Ariel nos miro y apuro el paso, le pedí que no se aleje, le di a entender la importancia que tenia que hablemos y me pidió que lo deje digerir lo que vivió, que cuando llegue la noche y estemos descansando, creía que podría hablar. Parecía mentira el día se hacia mas largo, Ariel caminaba muy rápido, nos sacaba un par de metros, bajo su velocidad, esperaba que me dijera algo al menos como para comenzar a entender.

- Me dijo que te diga que te extraña, que te va a estar esperando, el tiempo que sea, y que la próxima no se la pierde.

- Yo también la extraño. - Le dije y me quede pensando en ella, ¿que vamos a hacer?, si todo empeora, no quería pensar mucho mas, me iba a volver loco.

En la ruta pudimos ver un cartel, indicaba que a un kilómetro se encontraba un camping que pertenecía a **Co-**

lumbia Misisipi, ahí estaba nuestro descanso, físicamente me sentía mas entero, con mas resistencia y me daba gusto saberlo. Recordé que teníamos una carpa de dos, mire si Ariel traía otra pero no, la había perdido en la carrera que tuvimos en la plaza, así que había que acomodarse. Un buen sitio para acampar, nada fuera de lo normal, ingresamos lo mas bien, buscamos donde acomodarnos y listo. Milagrosamente cuando armamos, la carpa, parecía para cuatro personas, yo estaba seguro, la ultima vez que la armamos entramos dos y un poco apretados, Adrián me miro abrió sus brazos mostrando sus palmas, no entendía que paso. El también se sorprendió, bueno un milagro no venia mal, que podíamos pensar, estaba todo dicho. Nos ubicamos cerca del rio, preparamos una buena fogata, armamos unas cañas de pescar y todo estaba listo, lo que se pescara se pondría al fuego.

Me senté junto a una de las cañas que se movía un poco, se ve que andaba algo en el agua dando vuelta, esperaba sacar un buen pescado y hacerlo al fuego, mi mente estaba bloqueada, después de todo lo que vivimos, esto se transformaba en un nuevo mundo y ese libro, que sinceramente me daba miedo me generaba desconfianza. Despacio como quien no quiere la cosa se acerco Ariel.

- Hola… todo esto me asusta, tengo miedo, te juro que no se que hacer.

Lo mire, se notaba en su cara, la preocupación desbordaba en sus ojos.

- Después de lo que te contamos, creo que tendrías que decirnos que te paso, desahogate, al menos te vas a sentir acompañado y veremos que hacer, a medida que vaya pasando.

Suspiro y le pidió a Adrián que se acerque, miro para todo lados, procuro que no este a la vista ningún curioso y dijo.

- Mi idea desde un principio fue, salir con ustedes, no se que escusa puse, para que así no sea, lo cierto es que la chica que hasta en ese momento estaba de novio conmigo, no quería, ¡si le hice caso!, pensé en convencerla de a poco y después alcanzarlos. Hice letra, cuando estaba a punto de contarle que había decidido viajar para encontrarme con ustedes, de la manera mas amorosa, obvio con flores en las manos, a la salida de la facultad y si, de sorpresa, la señorita se iba por atrás del edificio con un muchacho a los besos.

Ariel hablaba con bronca, me daba pena, pero mas me preocupaba lo de la biblioteca.

- Entiendo tu bronca, pero te soy sincero, lo de tu novia, lo podemos dejar de lado, tenemos un gran problema en nuestras manos y no se que final nos toque vivir.

Por supuesto que lamentaba lo de su novia, pero quería que me cuente que paso, como termino con el libro en la mano y corriendo desesperado.

- Si... a eso iba, después de tanta bronca salí directo al aeropuerto, y me vine a buscarlos, quería que me pase algo loco para olvidarla.

Ariel dio muchas vueltas para contar lo que le paso, hasta que por fin lo dijo.

- Cuando compre un nuevo celular, porque al que tenia lo estrelle contra la pared, vi el mensaje que me dejaron, una vez en **Petal**, pasee por todos lados, haciendo tiempo, encontré la plaza, me senté me pare, hasta que de tan aburrido que estaba, comencé a dar vueltas y vi la biblioteca, me dije bueno voy, y fui, cuando entre parecía que estaban reformando la vieja biblioteca, ¡es lo que pensé!.

No arrancaba mas con lo que me interesaba y le dije.

- Dale anda al grano, ¿Que paso?

- La señora bibliotecaria me llamo, me decía con su dedo indice que no hable, y me seguía llamando y fui, toma me dijo escondelo, que no lo vean por favor, que no llegue a sus manos, ¡es de vida o muerte!, ¡Corre hijo! Yo no entendía nada, hasta que uno de esos hombres me vio y dijo, ¡DAME ESE LIBRO!, Grite diciendo que no, casi me hago encima del miedo, ¡Los ojos se le dieron vuelta!, se le pusieron negros, me quiso agarrar, ¡La bibliotecaria lo atravesó con una espada y me dijo que corra!, ¡Que nadie destruya el libro!, imaginate salí desesperado. El hombre parecía que se convertía en algo, la bibliotecaria que parecía una buena señora, ¡Atraviesa con una espada, a un hombre que se vuelve cenizas!. ¡Entendés lo que te digo!... ¡Con la espada en el pecho salio un resplandor y cayo al piso, hecho cenizas!.

Cuando Ariel lo contaba, sus ojos se llenaban de lagrimas, no hice mas que abrazarlo, lo calme y le pedí que no piense mas, teníamos que guardar calma y estar atentos. Esa noche pescamos y nos fue bien, así que comimos como dioses. Adrián estaba preocupado, al igual que yo, quien sabe como iban a pasar las cosas, si teníamos que esperar o volver a donde estaba el padre Jesus con el libro y ver como enfrentar este supuesto apocalipsis, que opción teníamos, el abuelo vidente nos dijo que sigamos, que el andar nos convertirá en lo que este mundo necesita, sentí que sabia lo que decía.

- Tenemos que ponernos de acuerdos, replantearnos todo, y prepararnos para lo peor.

En **Columbia** nos quedamos tres días, pusimos en claro nuestra situación, decidimos mirar el libro, que lo habíamos dejado escondido, en una de las mochilas, envuelto en una bolsa negra, entramos a la carpa y cerramos, agarre la mochila, tome la bolsa negra, saque despacio el libro, cuando iba quedando descubierto, de entre sus hojas salio una luz blanca que se fue apagando. Quedamos fascinados, no sabíamos que tipo de libro podía ser, pero que nos dejo mudos, se los puedo asegurar. Lentamente una vez que me acomode, Adrián se puso de un lado y Ariel del otro, lo abrí con mucho cuidado, despacio. Tenia las características de una biblia, me refiero a sus letras, sus hojas, en el comienzo, su escritura habla de la creación de la vida, de lo importante que es cuidarnos, respetarnos y por momentos, las palabras escritas, irradiaban un leve parpadeo de luz blanca. Los tres juntos lo leímos con mucha atención, no decía mucho, en una de sus hojas al final decía. *"Quienes protejan este sagrado libro estarán protegidos, su viaje a comenzado, los obstáculos sorteados y dificultades superadas, "Yo San Rafael, a mis viajeros cuidare"*. No nos quedaba muy claro de que se trataba, ni porque nos tenia que pasar todo esto a nosotros, en que nos estábamos convirtiendo, al terminar de leer este libro los tres nos sentimos protegidos. Lo único que me resulto extraño, fue que no leí en ninguna hoja, como defendernos, de ningún tipo de bestia sobrenatural.

Un libro que parecía mágico, pero no decía nada, supuestamente nos protegería o nos ayudaría, les propuse a mis compañeros ponernos en forma, entrenar, poner en practica lo aprendido, instruir al nuevo integrante, ahora somos tres, todo esta dicho, seremos lo que tengamos que ser, ahora si siento que es importante seguir nuestro camino, supongo que es lo correcto. Un nuevo amanecer, nos vio salir de **Columbia**, rumbo a **Luisiana**, caminando decididos, a lo lejos frente a nosotros se podía ver un caballo blanco y su jinete, al trote, con el sol en su espalda, a pocos metros redujo la marcha, paso casi rosando mi hombro, nos miro como desafiando, y nos dijo con la voz rasposa.

- ¡EL TIEMPO NO ALCANZA, EL FINAL ESTA CERCA!}

Me heló la sangre y lo vimos perderse en el horizonte, respire profundo, nos miramos, parecía que sabíamos de que se trataba, teníamos bien claro, que venga lo que venga …

¡Lo íbamos a estar esperando!.

¡Mi nombre es Diego, juntos Ariel, Adrián, a paso firme y con ustedes a la par, nada nos detendrá!